JN215328

楽育ママの子育て

●勇気づけのすすめ●

山口育子
Yamaguchi Ikuko

ei Book 16

はじめに

初めまして「楽育《らくいく》ママ・マイスター」の山口育子と申します。この度5冊目の「楽育ママの子育て」を出版させていただきました。今年で私設幼児園チッチキンダーガーデンを開園して21年を迎えました。早いもので、子育て支援に関わり30年を超えました。

たくさんのママやパパに出会う中、とても楽しく素敵な子育てをされている方にたくさん出会いました。しかし、また反対に、子育てにとても困り、日々悩まれている方にも出会いました。虐待寸前の方も決して珍しくはありませんでした。一体、この違いは何なのかと考えました。そして、子育ての問題はママ・パパにすべての原因があるのではなく、子育ての方法と、その工夫を知らない親が多いのではないかと気付きました。

そこで「どうすれば、気持ちを楽に楽しい子育てができるのか。その方法と工夫を伝えたい」と楽育ママ講座を作りました。今回は講座をベースに「楽育ママの子育てとは～勇気づけのすすめ～」と題して講演させていただいた内容を本に書かせていただきました。

私事ですが、２０１５年は学びの年になりました。4月には京都フォーラムで発表させていただき「永続的発展とは何か」「私達が将来世代に残せる宝とは何か」「良心を育む子育てとは何か」と考える機会をいただきました。

さらに7月4日には、講演会終了後、脳動静脈奇形破裂による脳出血で鈴鹿中央総合病院に緊急入院、7月16日に脳内血腫除去手術をしました。命は助かりましたが、当初は左手足に麻痺が残りました。しかし三重、京都音羽リハビリ病院や皆様の応援のお蔭で今は元気になりました。この体験は「自分が残りの人生ですべきことは何なのか」を考えるいい機会になりました。病気を通して、本当に自分の力で生きているのではなく、生かされている事の大切さを、身をもって体験ました。命を助けていただいた御恩返しにしっかりと自分の出来る事をしていきたいと願っております。

２０１６年に「一般社団法人楽育チッチ」を立ち上げました。その大きなテーマは
「生かされて生きている事に感謝できる親子」

「生まれた時から授かっている良心（宝物）を大切に育む親子」

「０歳から１００歳すぎても一人一人が大切にされる世の中」を作ることです。

この本の制作につきましては、たくさんの仲間から本のご要望をいただき、こうして形になりました事を心から感謝しております。一人でも多くの方に読んでいただけますように祈っております。

目次

はじめに　3

1 楽育子育てとは

1 楽育子育てって、なあに？ 10

2 どんな子どもに育ってほしいですか？ 12

①行動面の目標 12

②心理面の目標 14

3 あなたの子育てはどれですか？ 16

①がみがみママ 17

②あまあまママ 17

③楽育ママ 18

4 どんな子どもに育つのかな？ 19

5 子どもの学び方 26

①言葉 26

②モデル 28

③体験 30

6 勇気づけの子育て 32
① 子どもの話を聴く 32
② 開いた質問 35
7 楽育ママの子育てポイント 37
① 子どもは言ったように育つ（鏡の法則） 37
② 子育てダイエット方式 39
③ 寝る前はしあわせに‼ 41
④ お願いはプラスを言ってから伝える 43
⑤ 「あ・うただ」ありがとう・うれしいわ・助かるわ・大好き 45
⑥ 子育ては階段方式 47
⑦ おてて絵本 49
2 楽育ママの実践
1 プレママ編 54
① 子どもは奇跡 54
② 赤ちゃんは、理解できるのでしょうか？ 56
③ 赤ちゃんに育つ力はあるのでしょうか 58

④ 赤ちゃんに大切な環境とは …… 60
⑤ 完璧な親を目指さない …… 62
⑥ 感謝と当たり前 …… 64
⑦ モデルから学ぶ（プラスのモデル） …… 66
⑧ やさしくきっぱり …… 68

2 乳幼児編 …… 70

① 選ばれたパパとママ …… 70
② 乳幼児の育つ力をどう援助すればいいのでしょうか？ …… 72
③ しつけについて …… 74
④ かんしゃくの時期の付き合い方 …… 76
⑤ ほめると勇気づけの違い …… 78
⑥ ０か１００でない選択肢のある子育て …… 80
⑦ プラスのシャワー …… 82
⑧ 寝る前にはハートをプレゼント …… 84

3 幼児・片付け編 …… 86

① 片付けはどうしてするのでしょうか？ …… 86
② 片付け方はどうすればいいのでしょうか？ …… 87

③ 片づけを楽しくしましょう……87
④ 早めに片付けのお知らせをしましょう……87

4 幼児・食育編 88

① 食べられることに感謝……88
② 決まった場所と食べる時間を決める。……89
③ 箸は大人がモデルになる……89
④ 小さい時からご挨拶をしましょう……89

5 小学生・宿題編 90

① 宿題について子どもと話し合う……91
② 家族の協力も大切……91
③ 宿題は子どものお仕事……92

最後に 93

カバー絵・本文イラスト…村治豊

1　楽育子育てとは

1　楽育子育てって、なあに？

楽育《らくいく》ママの子育てって、初めて聞かれる方も多いと思います。「気持ちを楽に楽しく子育てしませんか？」との提案です。奇跡的な確率で授かったわが子を楽しく子育てしてほしいと作りました。

私はアドラー心理学を学びパセージリーダーの資格を持ち、学会認定の家族コンサルタントをしています。野田俊作氏が作られたアドラー心理学に基づく育児学習のプログラム「パセージ」というのがあります。

「パセージ」が大好きでたくさん講座をしてきました。ただこの講座の対象は言葉の分かる年齢（5歳～9歳）です。私は普段5歳までのお子さんを持つお母さんとの出会いが多いので、5歳までの子どもさんを持つお母さんのためのプログラムを作りたいと願っていました。最初は私のしているチッチキンダーガーデンの子育て法を**「チッチメソッド」**として、子どもの宝を探し、子育ての方法を「子ども編」、親自身に自信のない親御さんも多いので、自分自身の宝さがし、自分探しのための「自分編」を作りました。

ちょうどその頃、大阪で2児児童遺棄事件が起こりました。色々なところで虐待の事件が毎日のように起こっていました。そこで、若いお母さんにも分かりやすい、気軽に楽しんで子育てを学んでいただけるようにと「楽育ママ入門編」を漫画入りで作りました。

虐待というと初めから「鬼ママ」がいるように報道されることも多いですが、私はけっしてそうは思いません。中には子どもの嫌いなママもいるでしょう。でも10か月の間、大きなおなかを抱えて暮らし、やっとの思いで産んだ時には「かわいい～」と一度は、思ったのではないでしょうか？

しかし、色々な家庭の事情や、離婚、また生活苦、子育て環境の無理解等、子育ても難しい時代になってきました。私は虐待の原因を探すプロではありませんが、どうすれば子どもといい関係がつくれるのでしょうか。親の一生懸命な気持ちはわかります。またママたちから色々な相談をうけますが、「ひど～い」と思ったことはありません。なぜならママたちは子育てを学んだことがないからです。車の運転でも何か月も教習所に通い、しかも高額な金額を払い学びます。それでも事故は絶えません。子育てについて学んでいないママたちが困るのは当然と思っています。

そこで作ったのが「楽育ママ講座」です。ぜひ、子育ての工夫を知る事によって、少しでも楽しい子育てを一緒に学び、虐待のない世の中、人も自分も大切にする世の中をつくりたいものです。せっかく大きくなっても、自殺する子どももたくさんいます。頂いた命を大切にできる社会を作っていきたいのです。

2　どんな子どもに育ってほしいですか？

①　行動面の目標

では、皆さんは、自分の子どもがどんな大人になってほしいと思われますか？

先程ご紹介した、「パセージ」（野田俊作著）の中にも子育ての行動面の目標というのがあります。

行動面の目標

(1) 自立する。
(2) 社会と調和して暮らせる。

とありますが、皆さんはどんな子どもになってほしいですか?

旅行するときに、北海道に行くのか、九州に行くのかで方法は違うように、子育てもどんな大人になってほしいかは、大切だと思いますし、目標の大人に育ってもらうにも親の関わりがたいせつだと思います。

講演会でいつも「子どもに将来どんな子どもになってほしいですか?」と尋ねます。みなさん「自分の事は、自分で出来る子」とか「思いやりのある子」「お友達がいっぱいいる子ども」と話されます。

中学生の子どもを持つママに聞くと「ニートにならない子ども」とか「警察に捕まらない子ども」等具体的な答えが返ってきます。

「ニートにならない子ども」は将来自立してほしいというねがいの裏返しではないでしょうか。また「警察に捕まらない子ども」は社会と調和して暮らせる子どもになってほしいという願いではないでしょうか?

私は「プラスの方向と、マイナスの方向、どちらの子どもに育ってほしいですか?」と問いかけます。プラスの方向は「自立して、人の役に立つ大人のイメージ」です。マイナスの方向は秋葉原の事件ではありませんが、「自分の嫌なことを解消するために、人の人生を壊してしまう人」のイメージです。いじめ問題もここに関係しているように思います。

皆さんはどちらの子どもを育てたいですか？

私はプラスの方向に子どもが向かうように援助できたらと願っていますし、自分自身もプラスの方向に一歩、歩いていきたいと願っています。

② 心理面の目標

> **心理面の目標**
> **(1) 自分は能力がある。**
> **(2) 人々は仲間だ。**

子どもが「自分は能力がある。」と「人々は仲間だ。」と思えると、行動面の目標も達成するのではと私は考えます。

心理面の目標は、子ども自身が「自分は能力がある。」と「人々は仲間である。」と思っているということです。

親が子どもの事を「自分は能力がある。」や「人々は仲間である。」と思うのも難しいと思う方もいるのですが、ここでは子どもがどう思うかを大切にしています。

たとえ親は善意で怒っても、子どもがどう思うかが大切です。親が躾と思って怒ってもそれが本当に躾になっているのか、今一度点検してほしいのです。

例えば、「お兄ちゃんはちゃんとしているのに、あなたもしっかり、勉強しなさい」とか、親からすれば、「あなたもやればできる」と子どものために言うのですよね。その気持ちは私も親でしたので、よくわかります。

でも、もしあなたが、子どもだったら、どう思いますか？

「お兄ちゃんは勉強出来るけど、どうせ僕はできない。」と思った子どもがいます。勉強のできない自分は能力がないと思ったり、お母さんは仲間でないと思うようです。

親がどう思うかより、子どもがどう思うかを大切にしたいのです。

「お母さんは勉強のできるお兄ちゃんが好きで、僕の事は嫌いなんだ。」と思う子どももいるそうですよ。

「親が子どもの事を、どう思うかではなく、子どもが、親の言動からどう思うのかを点検する」の考え方は私も新鮮でしたが、子どもの気持ちを理解するのには、わかりやすいと思いました。

「本当にお父さんに似て、だらしがないのだから、ちゃんと片付けしなさい。」というのも良く聞きますが、これはどう思うでしょう。

子どもが、父親を好きであれば、寂しく思うでしょうし、嫌いならば、もっと嫌いになりそうですね。

また、自分には、片付ける能力がないと思うでしょうし、「お母さんは僕とお父さんが嫌いなんだ。」と思うかもしれず、ママは仲間ではありませんよね。

では、どうすれば、子どもが自分のことを能力があると思い、ママのことを仲間を思えるのでしょうね。そこで楽育ママでは、この「自分は能力がある。」「人々は仲間である。」を基本に自分の子育てを、点検していきます。

3　あなたの子育てはどれですか？

ではここからは質問です。皆さんはどんなママですか？

「朝の忙しい時に、子どもがお味噌汁をこぼしました。あなたならどうしますか？」

怒りますか、それともすぐに自分で拭いてしまいますか？　色々聞いてみると、時間のある時とない時でも違いますし、また長子と末子でも対応が違うようですね。お兄ちゃんの時には怒っていたのに、三番目の子どもには、ニコニコ拭いているママもいるようですね。皆さんはどのタイプですか？

まずは自分が左記のどのママなのかを自覚することが大切です。

①　がみがみママ

「何こぼしているの!!　さっきからいっているでしょう?弟でもちゃんと食べているのに、いい加減にしなさい!!」と怒ってしまうママ。

②　あまあまママ

「わぁ〜ママがこんな所に置いていたのが悪かったね。ごめん。ごめん。お母さんが拭くからね。」とここまで言わなくても、時間がないのでとにかく、親が拭いてしまう甘いママ。

③　楽育ママ

「大丈夫?やけどしなかった。こぼれた時はどうしたらいいかな?」
(子どもが拭きます)
「拭いてくれてありがとう。きれいになったわ。これからこぼさないようにどうしたらいいかな?」子どもに責任をとってもらい、話し合いで解決する、勇気づけママ。

皆さんはどのママでしたか?

講演会では「忙しい時なので、怒りながら拭いてしまいます」という、「がみがみ・あまあまママ」もたくさんいました。

もちろん、時間のある時は、「ちょっと楽育ママに近いです」という方もいました。ただ、どのママも、悪いママと言うより、やり方を知らないママが多いと思います。

子育ての方法は学校で学ぶわけではありません。知らないことは駄目なことではなく、知らない事を知り、新しいやり方を練習してほしいのです

また一度学んだからといって完璧に出来るわけではありません。スポーツに似ていると思いますが、いっぱい練習して、失敗して、また練習して、うまくなっていくのだと思います。

今のやり方で子育てをしていくと、子どもはどんな風に育っていくのでしょうね。

ママが願う子どもに育っていきそうでしょうか？

では、それぞれの子育てで育てると、どの様に育っていくのかを、お話していきますね。

4　どんな子どもに育つのかな？

親は子どものためと、善意で怒るけれど、子どもはどんな風に思っているのでしょうね。

またそうして育った子どもは将来どんな子どもになるのでしょうか？

2のところで話した「どんな子どもになってほしいですか」の方向に向かっていますか？

ぜひ点検したいのです。そこで「がみがみママ」「あまあまママ」それぞれの副作用を考えてみました。

①　がみがみママ

a 怒る人がいる時だけちゃんとする

私が保育園に勤めている時に、片付けの苦手な子どもがいました。保護者会でお母さんに相談すると「うちの子は片付けが上手です」と断言されます。おうちでの様子を聴くと「片付けない時には『捨ててしまうよ!!』と、言います。すると子どもは急いで片付けるのでうちの子は片付けが苦手ではありません。」との事です。怒るママがいる時は片付けるが、保育園では怒る大人がいないので片付けない子どもになっています。このまま大きくなって、「自立した大人」になるのでしょうか?

人がいても、いなくても、片付けのできる良心のある子どもになってほしいですよね。

b自信を無くす

気持ちの優しい子どもは、「弟でもちゃんとしているのに、お兄ちゃんのくせに」と下の兄弟と比べられて育つと「自分はダメだ。」と思ってしまいます。

何かするたびに、弟と比べられて「自分は能力がない」と思いますし、弟の前でこんな風にいわれると「その場に居場所がない」様になる事もあります。

c親子関係が悪くなる

「自信を無くす」とは反対に、元気のいい子どもは「いつも　いつもは、こぼしていない!!」とか「たまにこぼす僕ばっかり怒って、いつでも、こぼす弟には甘い!!」と反抗的になり、親子関係が悪くなることもあります。中にはママのいない所で弟をいじめる子どももいます。

優しいタイプの子どもの親は、お兄さんが心配でお兄ちゃんのためにと言いますが、子どもは「ママは弟が好きで、僕の事は嫌いなんだ！」「僕は必要ない子どもなんだ」とまで思う子もいるそうです。子どもがどう思うのかしっかり点検したいですね。

②　あまあまママ

a 自分の責任がとれない

実は私はどちらかというとあまあまママですし、また私自身あまあまママに育てられています。いつも誰かが片付けをしてくれていたから、誰かがしてくれて当たり前になります。そして自分の責任が取れない子どもになります。こぼしても誰かがやってくれる。自分の責任が取れないだけでなく、やってくれないと「優しくない人」と人を責める人もいるそうです。こぼした時の片付け方も、もちろん年齢によってできる事は、違いますがそれぞれの年齢にあった片付け方の責任を取ってほしいと思います。

責任とは、拭くだけでなく、拭いたタオルを洗う、干す、たたんで、しまうまでです。なかなかここまでの責任が取れない事もありますが、その事を知っているだけで、してくれた人に「ありがとう」の感謝を伝えることのできる子どもに育つと思います。ぜひ将来の自立に向かって責任の取れる子どもを育てていきたいものですね。

b片付ける力が育たない

大人がいつも片づけていると、片付け方がわからない子どもになってしまいます。どのように片付けたらいいのか、わからない子どもは、いっぱいいます。

こぼした時は、①まずは入れものを立てる、②拭く、③タオル洗う、④干す、⑤しまう、です。

お茶碗を割った時にどのように片づけるのか皆さんのお子さんはご存知ですか？

①けがをしない様にスリッパを履く②大きな割れ物を拾う③掃除機をかける④拭き掃除をする⑤割れたものを分別して捨てる。ここまでの片付けの仕方を知っている子どもはどれくらいいるのでしょうね。ある時、ママとお話ししていたら、「子どもどころか夫も知らないと思います」との事、「今息子さんを育てている人は将来の夫を育てるつもりでしっ

かり片付け方を教えないといけないですね。」と大笑いしました。本当に大切な事だと思います。

c 人のせいにする

「こんなところに置いておいたママがわるかったね～」とお母さんは優しい気持ちで言われる方もいますが、こうして育てると、何かがあった時に「お母さんがこんなところに置いておくから悪い」という子どもになるかもしれません。朝学校に遅刻した時に「お母さんが起こしてくれなかったから遅刻した」という子どもになるかもしれません。走っていて柱にぶつかった時に「こんなところに柱があるからやね。ぺんぺんしておこうね。」と言って子どもの機嫌を取って育てるのも同じです。自分のした事の責任を人のせいにしないで、自分で（相談はしても大丈夫です）解決できる子どもに育てたいですよね。

③　楽育ママ（勇気づけママ）

a お母さんを仲間だと思える

何をさておき「大丈夫」と自分を気遣ってくれるママは仲間ですよね。先程の心理面の目標にも出てきましたが、まずは仲間になりたいのです。

「こぼした時はどうしたらいいかな？」と聞いてくれる事でママは仲間で私を信頼してくれていると思えますよね。

よくお母さんが「躾はどうなるのですか？」といわれますが、仲間になってからでも躾はできると思います。（注　楽育では躾という言葉は好んで使いません。）

私たちもいずれ年をとり、少しでもお役に立とうと手伝って、こぼしてしまうかもしれません。そんな時「また余計な事して」と言われると辛いですよね。「大丈夫？」と聞いてもらえると嬉しいですよね。子どもも大人も思いは一緒です。ぜひ仲間からスタートしてくださいね。

b自分の責任がとれる
こぼした時に、「どうしたらいいかな？」と聞いてくれて、片付けしたら、「ありがとう」と言ってもらい「これから、こぼなさいようにするには、どうしたらいいかな？」と考えさせてくれるママ。こぼした事さえも、マイナスではなく、深い学びになります。
私たち親は「失敗をしない子どもを育てる」よりは「失敗からどう立ち上がるか、学べる子どもを育てる」ことが大切なお仕事ではないかと思います。
受験の失敗、就活の失敗、失業、倒産等などで命をなくす人も少なくありません。失敗から学ぶという言葉もありますが、できるだけ、小さい時に失敗して、そこから立ち上がれる子ども、また失敗から学べる子どもを育てていきたいと楽育ママでは願っています。

c 居場所があると思える

お味噌汁をこぼした時も、がみがみママの時はそこから逃げだしたいし、また、あまぁまママでは自分の仕事はなく、そこに居場所はないのではないでしょうか？
2015年8月に　中1拉致遺棄事件がおこりました。夜中、中学生が商店街をうろうろして家に帰りません。事件に遭った子どもだけでなく、最近はたくさんの子どもは「家はうるさい」といって友達と公園で遅くまでうろついているようです。テレビの取材で子どもは「家にいると勉強、勉強といわれる」とか「いつもは、よその家はよその家、人と比べたら駄目、と言っているのに、勉強は、＊＊さんも行っているから塾に行きなさいとか一貫性がない」「親が夫婦喧嘩ばかりしていて居場所がない」と話していました。親にとっては耳の痛い話です。子どもが安心していられる空間、居場所を作りたいのです。家族のために、役に立てるお仕事（お手伝い）があるというのも、大切な居場所作りの一つですよね。安全・安心な居場所作りを大切にしたいですね。

5　子どもの学び方

子どもが、色々な事を学んでいくのにはどんな学び方があるのでしょうね。私の園でも子どもたちが日々色々な事を学んでいきます。パセージの中でも出てきますが、子どもの学び方の三つについてお話ししていきますね。学び方の三つは言葉・モデル・体験です。幼児園の子どもたちをみていてもホントそうだな～と思います。お片付けをテーマにお話ししてみますね。

①　言葉

今特に言葉は言霊《ことだま》と言われています。プラスの言葉がけでプラスの関係が増えていきます。反対にマイナスの言葉がけは、マイナスの関係が増えていきます。若いママの間では「引き寄せの法則」が流行《はや》っていますが、量子力学的にも証明されています。難しいお話は置いて置き、プラスの言葉かけ、マイナスの言葉かけを見ていきますね。

★がみがみママ

ママ「ご飯出来たよ。（さっきより、ちらかっている）さっきから片付けなさいって、何度言ったらわかるの。いい加減にしなさい‼　今日はもう晩御飯はありません。」

子ども「じゃもういい、今日は絶対にたべないから。」

あらあら、ママは折角作ったお料理を温かいうちに食べてほしいと思っていたはずなのに、どうしてこうなるのでしょうね。こういわれた子どもは、ママの願いの「温かいうちに食べてほしい」ママの気持ち伝わるでしょうか？

★あまあまママ

ママ「おいしいハンバーグ焼けたから、早くたべてきてね。」

子ども「じゃあ、ママ片づけておいて。」

ママ「お片付けは、お母さんがしておくから、温かいうちに、食べてきていいよ。」

優しいママですが、この子どもが大人になったらどうなるのでしょうね。奥さんに片付けさせて、自分は出来上がったアツアツを平気で食べる大人‼

これで将来夫婦円満の家庭が築けるでしょうか？

★楽育ママ

ママ「ご飯が出来るまでいっぱい遊んでくれてありがとう。お陰で早くできたわ。みんなで一緒に食べたいのだけど、どうしたらいいかな？」

子ども「片付ける‼　お母さんも手伝って」

ママ「いいよ、どれをお手伝いしたらいいかな？」

状況は一緒ですが、最初にプラスを出すか、マイナスを出すかで、随分次の展開が変わってくるようですね。散らかしていると思うか、遊んで待っていてくれたと思うかで、スタートは変わるようですね。

② モデル

「門前の小僧、習わぬ経を読む」子どもがお寺のそばにいるだけで、お経を覚えてしまうということわざですが、環境の大切さを伝えています。

子どもは、本当にモデルから学んでいきます。遊びの仕方、ご飯の食べ方、色々な事を友達や兄弟や親から学んでいきます。

「片付けしなさい」と言いながら、皆さんのお部屋やテーブルの上はどうでしょうか？

あまりにも雑然としていては、片付けの意味が分からない子どももいます。

今「断捨離」本があれだけ売れるという事は、親も片付けが苦手な方が多いのかもしれませんね。物が多い、収納が少ないは大人も子どもも同じかもしれません。

なかなか片付けない子どもに「片付けはどうしてするのかな？」との質問に子どもたちは色々答えます。

「物がなくならないように」「出ていると踏んだらいけないから」中には「お母さんが怒るから」と言うのもありますが、何のために片づけるのかを、しっかり話し合い、出来るといいですね。

子どもが小さい時には、「ざっくり、わかりやすく」がポイントです。

チッチでは、木のおもちゃ、ブロック、電車、おままごと、と種類で分けています。

またわかりやすく入れ物には、絵にしたり、写真をはったりしてわかるようにしています。

もしも片付けを「手伝って。」と頼まれたときには、ぜひ楽しそうに片付けてくださいね。

「なんでお母さん、遊んでないのに片付けなあかんの。」とぶつぶつ言いながら片付けるとそれがモデルになります。「わあ~片付け手伝っていいの。」ルンルンでママが片付けていると、片付けって楽しいんだと思ってくれるかも?しれません。

あと親が子どものモデルになるのに、教えてもらった方法があります。

子育てをしているとなかなか、片付けはできませんね。片づけたと思うと、子どもが出してくる、本当にいたちごっこですね。

そこで夜寝る前に、メインのテーブルだけでも上にあるものを、ひとつのかごに入れるなどして、片付けて何もない状態にすると、朝起きてきた時に気持ちがいい事を教えてもらいました。メインのテーブルが無理な人は、どこでもいいので一つ決めてきれいにすることをお勧めします。子どもと相談して「ここだけは、夜にはきれいにしよう。」はいかがですか?

綺麗になったところに、花でも飾れば最高ですね。

「みんなの協力のお蔭で気持ちがいいね。」と感謝を伝えれば、片付けのモデルに感謝を伝えるモデルなり、一挙両得ですね。ぜひやってみてくださいね。

③ 体験

最後は体験です。例えばアンパンマンのパズルのアンパンマンの鼻のピースがなくなったとしましょう。子どもが「お母さんアンパンマンの鼻がない。」

★がみがみママ

「またないの。いい加減にしなさい！　だからいつもいっているでしょう。ちゃんと片付けなさいって、自分がなくしたのだから自分で探しなさい。」感情的に怒る。

がみがみママとしては、責任の取れる子になってほしいとこう言うのだと思いますが、子どもになってみたらいかがですか。ママは仲間かな、居場所はあるかな？

★あまあまママ

「泣かなくていいよ。ママが探してあげるからね。はい、ここにあったよ。」

確かに優しいママではありますが、毎回毎回これでは、子どもはどんな子どもに育つでしょうね。「自分が片付けが悪くて、なくしてもママが見つけてくれる。」では、自立した子どもにはなりませんね。

★楽育ママ

では、楽育ママならどうやって、お話しするのでしょうね。

ママ「アンパンマンの鼻がないと困ったね〜。＊＊ちゃんはどうしたらいいと思う？」

子ども「さがす。」
ママ「それは素敵な考えだね。ママにお手伝いできる事あるかな?」
子ども「ママ手伝って。」
ママは、頼まれてから初めて手伝います。もしここで子どもが見つける事が出来たら、「なくした時、探せばいいのだ。」ということを学んでくれるのではないでしょうか?
失敗しない子どもではなくて、失敗から学ぶ子どもを育てたいのです。また、この後、なくさない工夫を話し合いができるといいですね。
例えばパズルの収納に、100円ショップで、大きなナイロン袋を、買ってきて入れている人もいましたよ。

6 勇気づけの子育て

① 子どもの話を聴く

いつも講演会で話を聴く、二人一組でワークをします。Aさんはお母さん役、Bさんは、子ども役です。Aさん(お母さん役)には、4歳の男の子と2歳の女の子がいます。Bさん（子ども）は、幼稚園でママの絵をかきました。先生から「可愛いママやね。ママに見せたら喜ぶね～」と言われた子どもです。早速家に帰って見せようとしたら、ママはご飯の支度の最中です。

ａママが振り向かないバージョン
子ども「ね～ママ見てみて～」
ママ「今、晩御飯の支度しているから後でね。」
子ども「今みて～、ちょっとでいいから、今見て～」
ママ「早く作らないと、妹がまた泣くから、あとにしてね。」
子ども「ちょっとだけでも、いいから見て～」
ママ「（プチ）いい加減しなさい!!　後で見る、見ないとは言ってないでしょう。お兄ちゃんなのに、なんで少しが待てないの。」
ママの気持ちはわかりますよね。でも、ぜひ一度子どもの気持ちを体験してみてくださいね。

bママが振り向くバージョン

子ども「ね～ママ見てみて～」

ママ「はい、けんちゃん、なあに？」

子ども「今日保育園でママを描いたら先生が可愛いいってたよ。」

ママ「わあ～ありがとう!!可愛いママを描いてくれたんだね。ママを描いてくれてありがとう!!すご～く嬉しいわ。冷蔵庫に貼っておいていい？」

子ども「ありがとう。じゃ、ご飯出来るまで妹と遊んでいるね。」

2つを体験してみていかがでしたか？夕飯前、2歳の妹がいる。早く作らないと、わぁ～と泣く。今のおとなしい間に作りたい！そのママの気持ちは充分、わかります。

しかし子どもになって体験したらどうでしたか？　aバージョンを体験した皆さんは「ママの背中が壁のようでした。」「妹のほうが大事なんだと思いました。」とか「せっかく描いたのに二度と描かない。」と思ったとコメントをいただきました。点検は簡単です。

abどちらが仲間のママですか？どちらのほうが絵を描いて良かったと思いますか？お勧めはbです。少しの間、用事の手を止めてしっかり子どもに向き合うことをお勧めしています。実際に実践してくださったママからは、少し時間をとって向き合ったほうが、時間的にも早く、お互いその後も気持ちがよかったと話されていました。

②　開いた質問

開いた質問の事を、私は「生きる力を育てる質問」と呼んでいます。

子ども自身に考えてもらう大切な質問だと思っています。

A「こぼした時は、どうしたらいいのかな？」
B「叩いた手は、なんと言いたかったのかな？」
C「今日はどの洋服を着ていく？」
D「大きくなったら何になりたい？」等などです。

開いた質問をされた子どもは、考えます。

こぼした時に「どうしたらいいかな？」と考えます。「叩いてしまったけど、どうしたかったのかな？」と考えます。

「今日はどの服着ていく？」と聞かれたら、今日の暑さ、寒さ、自分で考えます。

「大きくなったら何になりたい？」と聞かれたら、大人ってなにかな？大きくなったら何をしようかな？大人になってできる事ってなにかな？と考えます。

子どもにも、自分で考える力をつけてほしいのです。答えを見つける事も大事ですが、それと同じぐらい、自分の問題として考える事が大事だと思います。

ぜひ、皆さんも子どもさんに開いた質問で子どもの考えを聞いてみてくださいね。

あるお母さんは子どもに「今日はどの洋服を着ていく？」なんて聞いたら、季節に合わない格好で行きますとか、まだ幼稚園なので選べませんと言う答えがきます。

そこで楽育ママでは幾つになったら子どもは選ぶ力がつくのか、乳幼児をもつママにためしてもらっています。そしたら、なんと1歳でも選ぶと言われます。え～1歳と思われる方もいらっしゃるとは思いますが、試されたそうです。

そういえば、おもちゃも「AとBとどちらがいい？」と聞くとちゃんと好きなほうを選びますよね。小さい時から、小さなことでも自分で選択する力を身につけるためにも、子どもが自ら選ぶ「開いた質問」で問いかける、また「選択肢」で声かけする事が大切だと思います。

考える力が生きる力に繋がると思います。子どもの思いを知るためにもぜひ子どもに問いかけてあげてくださいね。

7　楽育ママの子育てポイント

①　子どもは言ったように育つ（鏡の法則）

「あほやね～あほやね～」と言って育てるとそうなりますよ。「お利口さんやからやめておこうね」と言うとお利口さんになるかも？

皆さんも覚えはないですか？「あなたはこだわりが強いね。」とか「気が弱いね。」と親が言ったことが自分の姿だと思っていませんか？子どもはどうやって学ぶか？「子どもの学び方」でもやったように、言葉からも学びます。ぜひプラスの言葉を子どもにかけませんか？

私の園では一般的には、頑固や、我儘《わがまま》な子どもの事を「思いのある子ども」と言って育てています。親からすると我儘に見える子どもも、見方を変えると、自分のやりたいことに集中できる子どもでもある訳です。「あんたは、頑固やね。いつも我儘やね。」と言われて育つより、「思いのある子ども」とか「集中力のある子ども」と言われて育ったほうが、自分に自信のある子に育つのではないでしょうか？

先日「頑固」について新しいお話を聴きました。「頑固は素晴らしいことです。」「固定して頑張れる子どもですよ。」なるほどと思いました。オリンピック選手は一つの事に決めて頑張っているとは思いませんか？

昔は「きれいね。」といわれた人がきれいになる。という話がありましたが、今は脳科学も発達してきてもっと面白いことがわかってきました。「きれいね。」と言われた人より、言った人の方が2倍きれいになるそうです。自分が発した言葉が骨伝導を伝わり自分の耳に聞こえるのと、言った言葉が再度耳に入るので、2倍になるそうです。子どもに向かってうかつに「あほやね。」等マイナスの言葉をいうと自分に2倍返ってきてあなたが「あほやね～あほやね～」になります。ぜひ、これからお互いに気をつけましょうね。

プラスの言霊がいっぱい使える親は、親もプラスになり、しかも、子どもは幸せになるという事です。子どもに幸せになって欲しければ、まずはママが子どもにいっぱいプラスの言霊を伝えて、モデルになる事が大切です。大阪で育てば、大阪弁になり、東京で育てば関東弁になる、そのものですよね。

「意気地なしは、優しい。あばれん坊は、元気」人には必ず二面性があります。困ってどう言えばいいのか、わからない時も、仲間がいれば大丈夫、きっと子どものいいところ、あなたのいいところを見つけてくれます。

子どもを育てている時に、そんなオベンチャラは言えません、と言うあなた。大きくなると余計に言いにくくなります。ぜひ子どもが、素直に喜んでくれる小さな時がお勧めです。

②　子育てダイエット方式

私は、以前は講演会で「子どもを怒ってはいけません。」と伝えていました。するとママは約束を守ってくださり、我慢して我慢して最後にドカンと怒ってしまうという話を聞きました。

そこで考えたのが、子育てダイエット方式です。食べた以上に運動すればダイエットですよね。子育てダイエットは怒ったり、叱ったりする以上に、仲間になる事をお勧めしています。

お休みの日や、少し時間がある、心も体も元気な時に、子どもといっぱい遊び仲間になってくださいね。わっはっはと笑う時間と、怒られて沈んでいる時間、秤にかけてみてください。楽しい時間が多ければ、子育てダイエットは成功です。

時間は短くても大丈夫です。どれだけ子どもと楽しい時間を真剣に付き合うかが大切です。また、二人子どもがいたら、一人ずつ付き合うのもお勧めです。

今日は、パパとお兄ちゃん、ママと妹。次の週は、パパと妹、ママとお兄ちゃん。お互いにパパを独り占め、ママを独り占め出来て嬉しいようです。男の子と女の子になると遊びの興味や見たい映画も変わってきます。それぞれが楽しめる工夫も素敵です。

また違う日は、家族全員で、話し合って出かける。家族で話し合って相談して決める事も大切ですね。皆さん、夫婦でおでかけしていますか?家族の基本は夫婦です。ぜひ、じぃじ、ばぁばの協力を得て、夫婦の日を作ってくださいね。

夫婦円満が一番の子育て方法だと聞きましたが、一理ありますよね。夫婦がプラスの言葉でね

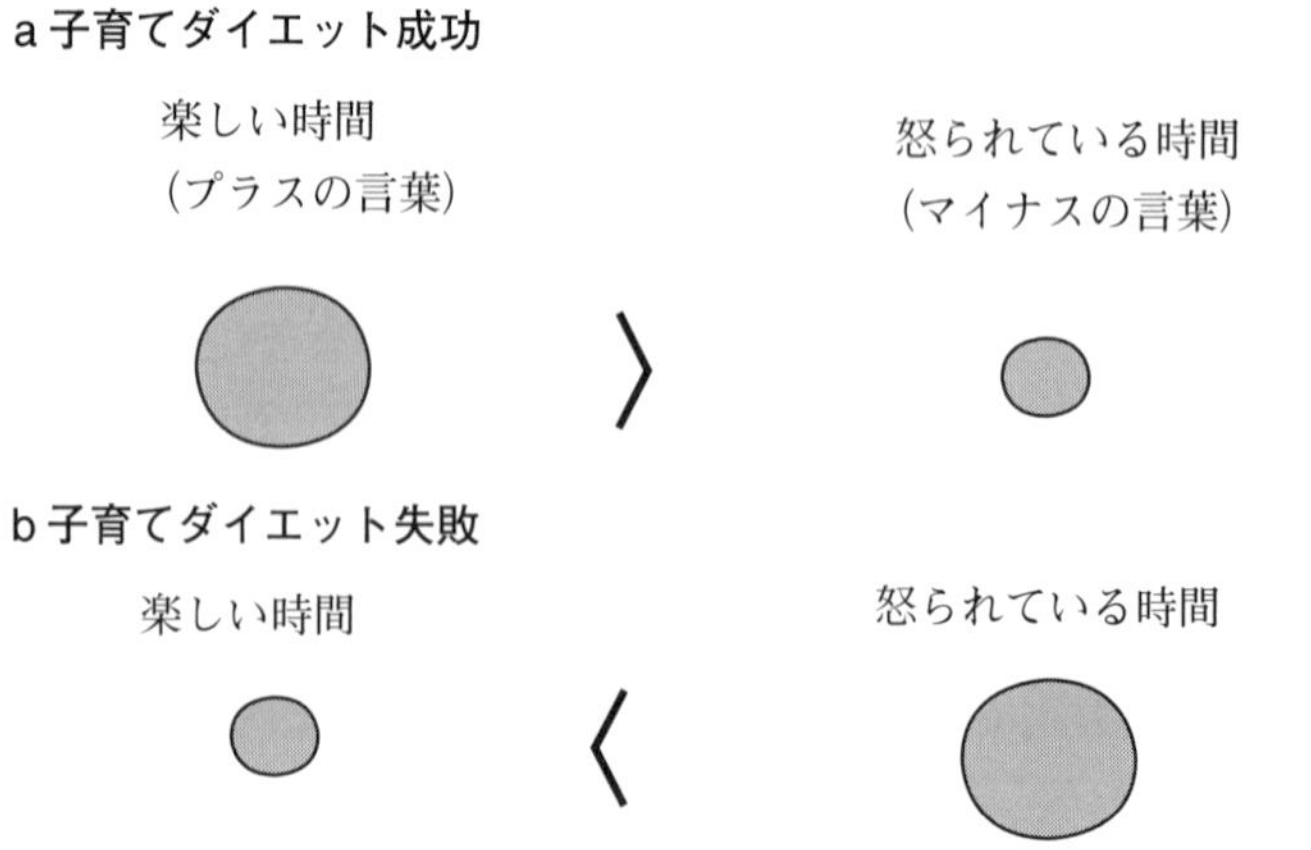

ぎらいあっているだけで幸せですよね。夫に言いたい本音は、ぜひ子どもが寝てから静かに話し合ってくださいね。夫さんは上級編ですので、まずは子どもさんからチャレンジしてくださいね。夫さんに、プラスの言葉が言えたら、最高ですね。

③　寝る前はしあわせに!!

いつも講演会の終わりにこんな話をします。ちょうどお昼の12時ぐらいに終わる事が多いのですが、「今から宿題です。子どもさんを、今帰ってから、寝る間までは怒ってはいけませんよ。」ママたちはそんなこと「無理です。」と言う顔をされています。そこで「8時間怒らないで済む方法知りたいですか?」と言うと今度は笑顔で首を縦に振られます。子育てダイエットは成功させる秘訣がこれです。

普段忙しい日常8時間怒らないでいる事は大変、難しいママもいると思いますが、寝る前に幸せになったらそのまま8時間～10時間と子どもが、寝ている間は幸せですよね。怒ったまま寝るのと、最後は仲直りして寝るのとは大きな差がありますよね。ぜひ寝る前には幸せにすごしてくださいね。

寝る前には幸せ言葉で一日を締めくくる。ママは怒った方が早く寝ると思って軽い気持ちで怒っているのかもしれませんが、子どもにとっては、ママは大きな存在です。

ある時講演会でこの話をしました。すると終わってから、世話役のお母さんが、「いっこさんの言う通りです。」と言って自分の家の昨日の出来事を話してくださいました。早く寝てほしいのに子どもがいつまでも起きていて、大切なものを割ってしまいました。ママはこれ幸いと厳しく叱り早く寝なさいと寝かしました。お母さんはその後ビールを飲んで休憩していたそうです。次の日子どもが目を真っ赤にして「お母さん、昨日は壊してごめんなさい。」と謝ったそうです。お母さんはそんなつもりはなかったのですが、子どもはお布団の中で泣きながら心を痛めて寝たのでしょうね。「次こんなことがあったら、寝る前には話しあって気持ちよくなるようにします」と話してくださいました。

寝る前に絵本を読む、簡単なゲームをする、「おてて絵本」で今日のいいところを伝える等などがお勧めです。寝る前には、3個子どものいいところを伝えると、決めておくといいかもしれませんね。「3個も見つけられません‼」と言うあなたに参考にいくつか挙げておきますね。ポイントは出来事より、「存在に焦点」「当たり前に感謝」がお勧めです。

「お母さんの子どもに生まれてきてくれて、ありがとう。」

「今日も元気でいてくれて、ありがとう。」

「今日も笑顔が素敵で、ありがとう。」
「＊＊してくれて、ありがとう。」

④　お願いはプラスを言ってから伝える

子どもにお願いしたいことはたくさんありますよね。お母さんが、子どもに声をかけるワースト1は「早く、早くしなさい。」です。言ってはいけないとは、聞いて知ってはいますが、ついつい言ってしまいますよね。

「早く起きなさい。」「早く食べなさい。」「早く着替えなさい。」「早く片付けなさい。」お願いしたい事は「早くしてほしい。」ですね。

「楽育ママ」では、お願いしたい事は、「しっかりプラスを伝えてから、お願いをしましょうね。」と提案しています。

例えば片付けです。「またいっぱい散らかして、早く片付けなさい。」と言うとマイナスの言葉を言ってから命令しています。では、同じ状況でどう言えばいいのでしょね。

「わあ〜いっぱい遊べたね。では片付けもできるかな?」です。

「わあ〜いっぱい遊べたね。」がプラスです。

「では片付けもできるかな?」

「片付けしてくれると嬉しいな〜」がお願いです。

子どもが待っていてくれる間に作ったおもちゃについてお話を聞いたり、ママの感想を伝えるのもプラスですね。カプラで遊んでいた子どもに、「高くつめたね」、「長くつなげたね」「これな〜に」はいかがですか?

夕飯の時に片付けない子どもに腹を立てていたママがいつもなら「さっきから晩ご飯だから片付けてって、何度も言っているでしょう?」と言うとマイナスの言葉を言ってからお願いしています。では同じ状況でどういえばいいのでしょうね。

「ご飯作る間、待っていてくれてありがとう!! おいしいカレー出来たからお片付けしようか?」はいかがですか?どちらが、子どもが気持ちよく片付けたくなるかな?

早めのお願いも大切です。

「もうすぐできるから片付けてね。」と言われても、子どもにとっては「もうすぐ」は分かりにくいです。「時計の針が6になったらね。」とか、タイマーを使い「このベルがなったらかたづけてね。」の方がわかりやすいですよね。

家族でお出かけの時に、ママがお化粧をしています。パパが「さあ、すぐいくよ。」と急に言われると困りませんか？　例えば「後、5分で出発します！」と言われると5分で仕上げるようにしませんか？

親として、子どもに伝えるべきことや伝えたいことはたくさんあると思います。

その伝え方のポイントを忘れないでくださいね。

⑤「あ・うただ」ありがとう・うれしいわ・助かるわ・大好き

子どもに勇気づけの言葉をいっぱいかけてほしいのですが、勇気づけの言葉について一度にお伝えするのはなかなか難しいです。また子どもが受け取るので、子どもがどう思ったか、点検しないと勇気づけになったかどうかも分かりません。

しかし、多くの場合は、勇気づけの言葉は「プラスの言葉」「キラキラ言葉」「わくわく言葉」だと思って使っていただければ、嬉しいです。

その具体的な、言葉のお勧めが「ありがとう・うれしいわ・助かるわ・大好き」ではないかと思いました。

お手伝いした時に「ありがとう！」と言ってもらえると嬉しいですよね。

お願いしたい時も「～してくれたらママ、うれしいわ！」とか、「～してもらえるとママ助かるわ！」とかお願い口調でお伝えすることをお勧めしています。

してくれた時は「ママ、うれしかったわ。ありがとう。」とか「助かったわ。ありがとう。」

してもらえたら感謝を忘れずに「ありがとう‼　～ちゃん大好き。」はいかがですか？

私の友人がＦＢ《フェイスブック》で子どもの運動会にこんな素敵な「大好き」メッセージを書いていました。

「1位でも、ドベ（びり）でも、転んでも、スベッテも大好きだよー。」こんな風に言ってもらえた子ども、お父さんは仲間だし、居場所もありますよね。楽育パパ見つけた‼と嬉しくなりました。

もちろん、1位になったらそれはそれで、素敵な事ですが、全員が1位になれるわけではありません。楽育ママでは、1位になる事も素敵ですが、どんな子どもも、ドべでも、転んでも、スベッテも、ありのままの子どもを、大好きになると、子育ては楽になると思っています。

お手伝い等、もちろんしてくれた事への感謝も大切ですが、先ほどの楽育パパの様に「存在」そのものを受け入れてもらえると、すごく嬉しいですよね。

私の息子が小さい時に、サッカーの試合で「1点を入れたら千円あげる。」というママがいました。頑張れとの応援ではあるとは思いましたが、みんなの協力でいれる点なのに、最後のシュートした人だけを評価していいのかな～と疑問に思いました。

今日から「ありがとう・うれしいわ・助かるわ・大好き。」を意識して使ってみませんか。夜寝る時に「今日は一日一緒にいれてありがとう。」「＊＊のママになれて嬉しいわ。」「＊＊してくれて助かったわ。」「＊＊ちゃんの事、だ～い、だ～い好き。」なんて大好きなママやパパに言ってもらえたら、幸せパワーで寝ることができますね。ぜひ、お試しを。

⑥　子育ては階段方式

今回の入院中にリハビリをいっぱいしてもらう中、子育てと同じと思う事が多くありました。そこで入院での体験を生かして「子育て階段方式」を考えました。

私は最初左足、左手は麻痺していて、グー、チョキ、パーもできませんでした。またパチパチと手をたたくこともできませんでした。その人に合わせた自立のプログラムがくまれるわけです。が、あまりにその目標が高いと、「自分は能力がない。」と思ってしまいます。

また甘すぎると、回復が遅れます。ではどうすればいいのでしょうね。

患者さん（子ども）は自分のできる事を精一杯している。ここがスタートです。課題が高すぎると勇気をくじく、また低すぎると自立に向かわない。なんだか子育てと似ていませんか？私のリハビリの事例をお話ししますね。（先生の了解はとってあります）

言語のリハビリです。私は右脳に出血があったので、集中力、継続性、見落としがたくさんあります。これを鍛えるのがリハビリです。

あいうえおの50音が１０００文字程度並べてあり、そこから指定された「が・ら・す」の三文字を選び丸を付けるというものです。健康な人には、何でもないことですが、これがなかなかできないのです。はじめのころはため息ばかりつきやっていました。だんだん慣れて12個ぐらいのミスになってきました。一度やったものから再度、12個見つけるのは、その時の私には階段が高かったのです。その時の先生は、どの列に見落としがあるか印をつけてくださいます。私にとって１ｍの高さだった階段が50㎝になりました。それでもなかなか見つけられないのです、すると「がらす」の「が」で探してみてね。と今の私が自分の力での上れる30㎝に下げてくださいました。やっとのことで「が」がみつかり、全部できました。その時の達成感‼　これをあまあま先生で、ここにあると教えてしまっては、階段は０㎝で私のリハビリにはなりません。こうしてリハビリしてもらいながら、見落としが2個になり、自分で何度も見直しを出来るようになりました。

子育ても同じだな～と思いました。2歳の子どもがこぼした時に、「責任とって全部自分で片づけしなさい。」は階段が高すぎるのだと思います。逆に全部ママが片付けてしまっては子どもの能力は育ちません。とはいえ高すぎるとやる気をなくしたり、自分は能力がないと、勇気をくじかれます。

ママの仕事は、その子どもの階段の一段を見つける事かなあ～と思いました。どの高さが一番最適かを見極めるのが大切ですね。

⑦ おてて絵本

寝る前はしあわせに‼でも書きましたが、その方法の一つのおすすめが「おてて絵本」です。私は絵本が好きで子どもが小さい時は寝る前に読んでいました。子どもも絵本が好きでよくお話を聞いてくれていました。大きくなってからは「小さい時、あんなに本を読んだのに」と思うくらい本を読まない時期がありました。でも大人になった時にはなんと本好きになっていました。娘も孫に読んでいるかと思うと寝る前に読むと興奮して寝ないとのこと。園の先生も寝る前には特に読まないとの事でした。

ある日、孫を寝かすのに「むかし、むかし、あるところにおじいさんがいて柴刈《しば》りに……」と話し始めると「ばぁばそれは長い？」と言われました。そこで考えたのが「おて て絵本」です。私が考案したのではなく、TVでやっていたのですが、お手てを絵本に見立てて、子どもが話を作ります。最後には「おしまい」と言って手を閉じます。これはいいなぁ～と思い、早速、孫を預かった時にしました。まずはお姉ちゃんが自分ですると、お話をつくりました。さすがお姉ちゃん「てにをは」も、上手です。次は2歳下の妹です。文章力はありませんが一生懸命「……です……しかし……おしまい」とお姉ちゃんをモデルに話しています。

最後は私です。「今日は＊＊チャンと、＊＊チャンが来てくれて嬉しかったです。＊＊ちゃんは、ばぁばに優しくしてくれて、嬉しかったです。＊＊チャンが妹と仲よく遊んでくれてばぁばは助かりました。二人ともだ～い好きで、ばぁばの宝物です。おしまい!!」と子どもの適切なところに注目して絵本を作りました。

これなら絵本を読むと子どもが興奮して盛り上がりすぎて困るママにも、また絵本が苦手なママにも使っていただけるかな？と思いました。

ポイントは、褒《ほ》めるのではなく、ありのままを認める事!!　子どものありのままの姿に感謝すること。

「元気でいてくれてありがとう!!」

「ママがいなくて寂しかったのに、ばぁばと一緒にいてくれてありがとう!!」

「喧嘩したけれど最後は仲良しになれて良かったです。」等などです。

褒めすぎると、また褒めてもらえる事を目標に行動するので要注意です。

2　楽育ママの実践

1 プレママ編

① 子どもは奇跡

私たちは子どもがお腹にできたことをつい当たり前と思ってしまいますが、本当は奇跡です。昔、赤ちゃんは神様や仏様からの授かりものだと思われていました。今は科学が発達して、自分たちで調整して、自分たちの思う時期に、妊娠ができると思っている方も多いかもしれませんね。

しかし、不妊治療をした方ならおわかりになると思いますが、科学的に配慮してもできないことも多いのです。また、不妊治療をやめた途端にできたという話も聞きます。

ある学説では、私たちがこの世に生まれてくる確率は250兆分の1だそうです。これは宝くじの1等が、100万回続けて当たるくらいの大変な確率です。すごい確率ですね。

まずは、授かったことに感謝してみませんか？　つわりがきつかったり、おなかが大きくなり、腰痛になったりと良いことばかりではないかもしれません。こればかりは、個人差も大きく、いつも通り元気に過ごせる人もいますし、妊娠中ずっと寝ていなくてはいけない人など様々です。

つらい妊娠中は「どうして私だけ」と思ってしまうママもいますが、赤ちゃんが生きている証拠ですので、また頑張って成長しようとしているのですから、一緒に乗り越えましょうね。

そこで必要なのが、パパや家族の協力です。自分一人で頑張らないで、みんなの力を借りる事も大切です。

今まで親を困らせず優秀でいたママほど、頼るのが苦手という方もいらっしゃいます。これからは一人で頑張らずに、人の力を借りる勇気を持ちましょうね。子どもが安心・安全にお腹の中で過ごせるように、みんなの力を借りることも大切です。お腹の子どもは、あなたのお腹にはいますが、みんなの子どもです。

ママ、パパはもちろんのこと、おじいちゃん、おばあちゃんや地域にとっても大切な存在です。

皆さん、奇跡の子どもを授かったのですから、ぜひ一緒に子どもを大切に育てる楽しい道を一緒に歩いていきましょうね。

② 赤ちゃんは、理解できるのでしょうか？

ワーク【あなたはお腹の中の赤ちゃんです。パパは煙草を吸い始めました。ママは赤ちゃんのためを思って言います「ここでタバコすわない約束でしょ!! 外で吸ってきて!! 何度言えばいいの。いい加減にして（怒）」】

この会話をお腹の中で聞いていた赤ちゃんは、どんなふうに思ったでしょうね。ママは赤ちゃんのためにパパにお願いしています。それでも赤ちゃんは気持ちがよかったでしょうか？なんだか二人の会話をドキドキしながら聞いていたのではないでしょうか？「お腹にいる赤ちゃんは何もわかっていない」と思われる方も多いと思いますが、今体験してみていかがでしたか？きっと何かを感じていると思われませんか？赤ちゃんはママが穏やかなのか、イライラしているのかは、特によくわかるそうです。

大人でも自分の声は唯一の楽器でその時の気分で周波数が変わるそうです。

赤ちゃんはママの声を聞いて大きくなります。楽育ママではお腹の中の赤ちゃんにも、産まれてきた赤ちゃんにも、安心・安全な周波数の声掛けをお勧めしています。周波数は難しいですが、優しい言葉かけ、丁寧な言葉がけのコミュニケーションをお勧めしています。

今、日本では、赤ちゃんが泣いたらすぐに抱いてあげるように保健師さんが指導されますが、ぜひ赤ちゃんの泣き声を聴いてあげてほしいのです。「どうしたのかな？」と問いかけることをお勧めしています。泣くこと＝「抱いて」ではありません。泣く理由は色々とありそうです。

「おむつを替えて」「おっぱいがほしい」「背中が痒《かゆ》い」「抱っこして」子どもは色々な願いをお母さんに伝えているのです。泣いたらすぐ抱っこをしていると、長時間抱くことになり腱鞘炎《けんしょうえん》になったというママの話も聞きます。まずは、赤ちゃんの声を聞き、しっかり赤ちゃんの様子をみてくださいね。

さて、今、赤ちゃんが泣いているとします。その声をきいて、様子を見て、おむつが濡れていることに気がつきました。そんな時どんな風に声をかければいいのでしょうか。

A「さっき替えたばかりなのに…また…」

B「教えてくれてありがとう。おしっこが出て良かったね。」

子育ては大変で、ついついマイナスの言葉を言う気持ちはわかります。しかし言われた赤ちゃんはどう思うでしょうね。

皆さんが赤ちゃんならどちらの言葉がけが嬉しいですか？

赤ちゃんへの温かい言葉がけが、親への信頼へとつながっていきます。

親への信頼が、これからの子どもの人生の世界観へと繋がっていきます。

③　赤ちゃんに育つ力はあるのでしょうか

子どもには子ども自身に育つ力があるといわれていますが、オギャーと産まれてからは手がかかってばかりで、赤ちゃん自身に育つ力があるとはなかなか思えなくなります。

しかし、今あなたのお腹の中にいる赤ちゃんのことを忘れないでくださいね。

お腹にいる時に、心臓を作ったのは誰ですか？心臓という大切なしかも複雑な臓器を子ども自身が作るって本当に神業ですよね。

私たちはもちろん、環境は整えましたが、実際に赤ちゃんの目を作ったり手足を作ったり、心臓を作ったわけではありませんよね。

それは赤ちゃんが赤ちゃん自身の力で育ってくれたのですよね。後で出てきますが環境ももちろん大切です。それと同じように赤ちゃん自身が育つ力を信じてみませんか？

最初に神様からのプレゼント、仏様からの授かりものと書きましたが、その思いが子育てでも大切だと思います。

でも実際に生まれると、赤ちゃんの育つ力を忘れて、粘土の様に鼻は高く、お臍は出ないようにと色々思ってしまいます。

特に1年間は親が守ることが大切ですが、育つ力はあると信じてくださいね。子ども自身の育つ力を信じることが「楽育ママ」の秘訣です。

子どもは生まれた時に宝物を持って生まれてきます。例えば、植物でたとえますね。チューリップを植えたらチューリップが咲きます。バラを植えたらバラが咲きます。桜の木を植えたら桜が咲きます。リンゴの木を植えたらリンゴの花が咲き、リンゴが収穫されます。

それは子どもが、生まれた時に持ってきた宝です。

でも、私たち親は、チューリップよりバラの方が良かったと言ったり、桜よりもリンゴの木が良かったと、言います。けっして親の願いが悪いわけではありませんが、言われた子どもは、どんなふうに思うでしょうね。その子どもがもつ自らの力を信じてみませんか？

チューリップにはチューリップの育て方、バラにはバラの育て方があります。色々な方法はあるとは思いますが、その環境を工夫する事は大切だと思います。

しかし、一番大切なのは、「大地を育てる事」では、ないでしょうか？私たちにできる事は、子どもの育つ力を信じて、子どもの花が咲くのを楽しみに待つことではないでしょうか？

④ 赤ちゃんに大切な環境とは

先程は子どもの育つ力についてのお話をしました。今度は「大地を育てること」についてお話しします。それは、赤ちゃんにとって大切な環境についてです。

お腹の中に赤ちゃんがいる時に、お酒を飲んだり、タバコを吸ったり、ケンカをしていると赤ちゃんはどんな風に感じるのでしょうね。

先程も体験しましたが、赤ちゃんのために夫を怒っていたとしても、赤ちゃんは不安でいっぱいになりましたね。出来るだけ安心・安全な環境の中で赤ちゃんを育てていきたいのです。

またこの世に生を受ける時の環境も大切です。どんな風に出産するのかを選べる私たちは幸せですね。でもあまりにも色々な情報がありすぎて、迷う方もいるでしょう。出来るだけ子どもとお母さんにとって良い環境のところが見つかるといいですね。

出産後の子育て環境についてはどうでしょう。

もし選べる選択肢があるなら、ぜひママが育てることをお勧めしています。働くことも人生の中で大切なお仕事ですし、生活のために働かなければならないこともあるでしょう。でも出来るなら今しかないこの時期を子どもと一緒に過ごせると素敵ですね。

祖父母に預けることも決して悪いことではありませんが、任せきりになって当たり前にならないように、育てていただいている事への感謝を忘れないでくださいね。

また祖父母や親が同じ価値観で育てることをお勧めしています。祖父母と親との価値観が違う事は当然です。しかし、子育てについては、同じ価値観で育てることを、お勧めしております。

そのために必要なのが、共通の子育ての仕方です。

決して「楽育ママ」の子育てが１００％完璧な方法ではありません。しかし、親と祖父母が、これをたたき台にして話し合い、「我が家のわが子のための子育ての方法」を話し合いしてほしいのです。またたとえ仕事をしていたとしても、親は親です。

子どもと仲間になる関係は小さなときから忘れないように関わって下さいね。

環境はもちろん、規則正しい生活も大切です。３か月健診が終わった頃からはママも赤ちゃんも徐々に規則正しい生活を意識できるといいですね。

⑤　完璧な親を目指さない

私たちは赤ちゃんが生まれて、初めてママやパパになります。私たちもママやパパの1年生です。例えば、小学校の1年生で何もかもできるはずはありません。私たちは子どもを産んで初めて、親の1年生です。子どもが5歳なら、親も5年生、しかも初めての5年生です。初めから、すべてうまくいくことはありません。子育ても色々体験してだんだんうまくなっていきます。

最初から完璧を目指さない事が楽しい子育てのポイントです。車でも初心者マークの時は、運転が大変でしたよね。でも慣れればだんだん楽しくなっていきましたよね。子育ても一緒です。最初は初心者マークですのでどうしたらいいか分からなくて当然です。特に一人っ子ならなおさらです。

そんな時に相談できる仲間がいるといいですね。インターネットで検索すれば色々情報は出てきますが、その情報通りにならないと不安になる人もいます。普段からあなたの性格も分かり、赤ちゃんのことも知っている人からアドバイスがもらえるといいですね。

子どもにも色々なタイプがあるように、親にも色々な性格があります。さきほどは規則正しい生活が大切と言いましたが、きっちりとしたママは思っている時間通りでないとイライラしてしまうので、それに縛られすぎない柔軟性も大切です。

自分自身が、親を困らせることもなく、いい子で育ち、また優秀であった人ほど、子育てを完璧にしようとして、しんどくなるケースがあります。

子どもは自分の子どもであっても、別人格なので決して自分とは同じようにはいきません。と偉そうなことを書いている私自身も、娘は私とタイプが似ていたのでつい同じように思っていました。息子が出来て、私と違うタイプの子どものお蔭で、頭でなく体で子どもは親とは別人格だと学ばせていただきました。

親がお医者さんなら子どももお医者さんになるべきだとか、家系が学校の先生なら子どもも先生にとかつい思ってしまいますよね。

でも子どもは神様からのプレゼントです。神様から何を宝にいただいてきたのかはわかりません。楽しみに育ててほしいです。

「完璧はめざさない‼」が楽育ママのポイント、「ぼちぼちいこか」が合言葉です。

⑥ 感謝と当たり前

ある時「感謝の反対はなにかわかりますか?」と質問されたことがありました。感謝の反対は「当たり前です。」と教えていただき深く感動したことがあります。当たり前と思っていることにこそ、感謝することがとても大切です。

私は前述のように、脳出血になり入院、ICUで安静で動けない状態でした。鼻からチューブで栄養をいただき、おしっこも、チューブでとっていただいていました。お水は禁止。うがいだけが許されました。お水を飲むのは当たり前の生活から、どんなにお水が飲めることの有難さを感じたことか!! おトイレでおしっこができることが、当たり前でなくどんなに有難いことか身にしみました。

赤ちゃんが生まれたことも、泣くことも、当たり前ではなくとてもありがたいことです。「泣いてばかりで、どうしていいか分からない。」初めての子育てではそう思ってしまうのが当然のことです。そんな時は「泣くのは元気な証拠。」「泣いて教えてくれてありがとう。」と呪文を唱えてくださいね。

これも楽育ママ子育てのポイントです。泣きやまそうとすると、余計泣くこともありますよね。「泣きたいだけ、泣いていいよ。」と覚悟したとたん、泣きやんだというお話もよく聞きます。

もし、おじいちゃんやおばあちゃんがいてくだされば、それはとてもありがたいことです。おじいちゃんおばあちゃんからの子育てのアドバイスは「時代が違う」とわずらわしく思う方もいると思いますが、赤ちゃんにとってはおじいちゃんおばあちゃんがいてくれることは幸せなことです。

金銭的にお世話になっていても、「頼んでないのに孫のためにセンスの違う服を勝手に買ってきて……」と言っているママもいるそうですが、親のいない人や遠く離れている人にとっては、当たり前ではなく有難いことです。アドバイスもプレゼントも両方ありがたく頂いてくださいね。祖父母に育てていただくことを当たり前と思わずに、しっかり感謝して下さいね。

パパがお仕事をしてくれること、ママが子育てをすることも、お互いに当たり前と思わずに、感謝して暮らしていくことが、子どもにとっても幸せなことですね。

朝起きてきてくれたことに感謝して「今日も元気で起きてきてくれてありがとう。」

朝ご飯を食べてくれたことに感謝して「いっぱい食べてくれて、ありがとう。」

外でいっぱい遊んで服を汚しても「いっぱい元気に遊んでくれてありがとう。」と言われて育った子どもは、幸せですよね。

「今日の一日に感謝出来る親子」が楽育の目標ですが、こんな親子は素敵ですね。

まずは、自分がお世話になっている親に感謝から、スタートしてくださいね。

⑦ モデルから学ぶ（プラスのモデル）

子どもは親をモデルに学びます。たとえば「いただきます」「ごちそうさま」も小さい時から聞いていると自然と子どもも言うようになります。赤ちゃんの時から伝えているといつの間にか親をモデルにして「いただきます」や「ごちそうさま」をするようになります。

「いただきます」「ごちそうさま」は日本独特の挨拶です。そんな大切な挨拶も子どもに伝えていってほしいですね。

お箸、お茶碗の持ち方、靴を揃える、挨拶、言葉遣いなど子どもに学んでほしいことは、親が自然とできるようになっていることがお勧めです。

英語で考えるとよくわかると思います。英語で「青色」を教える時に「ブルウ」と教えると子どもは「ブルウ」とモデルから学びます。正しい発音で「Blue」と聞いていればそのモデルから「Blue」と発音します。ぜひ親がモデルとなり、丁寧な言葉、丁寧な対応をモデルから学んでほしいのです。「門前の小僧習わぬ経を読む」とありますが、環境の大切さを感じます。

ある保育園に来ている子どもが同じ2歳児でも「チェンチェーアート（先生ありがとう）」と言う子どももいれば、「あほ～、あっちぇいけ～」という子どももいます。お兄ちゃんがいて覚えたのだとは思いますが、同じ2歳児なのにたった2年の違いでこうも変わるのかと、モデルから学ぶ怖さと大切さを学びました。「あほ～、あっちぇいけ～」と言う子どもに「ありがとう」を伝えることはできます。しかし、教えるのは大変な努力がいります。小さい時からの声かけがおすすめです。

先程の、「感謝できる親子に育つ」も同じです。子どもを大切にすることは、重要なことだと思います。しかし、少子化で大切にされすぎての弊害もあります。なんでもしてもらって当たり前では、将来が心配ですね。

そんな時どうすればいいのでしょうね?親に感謝しなさいと口うるさく言うのはお勧めではありません。そんな時こそ「モデルから学ぶ」です。私たちが、親にどんな風な態度をしているかが、モデルになります。

子どもを見ていてくれていた親に、心から感謝をしていますか?言葉遣いはいかがですか?親に尊敬の念をもって話をしていますか?だんだん出来る事が少なくなってきたお年寄りこそ、今までの社会を支えてきてくださった方だと尊敬しあう世の中を作りたいのです。

ぜひプラスのモデルがいっぱいあるところで子どもを育てたいですね。家の中が「ありがとう」で一杯になれば、自然と子どもも「ありがとう」から学びます。まずは親からプラスの声掛けしてみてくださいね。

⑧ やさしくきっぱり

乳児の時から、していい事、してはいけない事を伝えていくことは大切です。その中でも、してはいけない事を伝える時の伝え方が大切です。

まずは「やめなさい!!」と言わなくていい環境づくりも大切です。煙草、マッチ棒等危ないものは、さわらないところに置いておきます。つい「やめなさい」ときつく叱る方がいますがお勧めではありません。

では触ってはいけないものを触った時はどうしたらいいでしょう?

赤ちゃんだから分からないとは思わずにしっかり「大変申し訳ないけどこれは危ないから使えないのよ」とお話ししてくださいね。そして取り上げるのではなく、使っていいものを目の前に持っていき、見せて「これなら大丈夫よ。これはどうかな?」と子どもに問いかけてください。

以前、あるお宅でこんな話をききました。ある時、孫を預かっている時に、孫がマジックを見つけました。すると孫は大泣きをしました。何日かたってから、また同じことがありました。するとおじいちゃんが、すぐ傍にあった子ども用の音のするおもちゃを孫の目の前で振りました。すると孫は、すぐにそのおもちゃに興味を持ち、マジックは手から離したそうです。なぜ、マジックが駄目なのか?は落ち着いた時に話をするのがお勧めです。特に2歳児まえの「かんしゃく期」の子どもにはこれがお勧めです。

多くの場合、小さな子どもは目の前にきたおもちゃに興味を示します。がみがみママのように、「駄目なことを教えるのに怒る」必要はありません。あまあまママのように、「赤ちゃんだから分からない」と思い教えないと、いつまでたっても学びません。楽育ママでは「自立して暮らせる」「社会と調和する」子どもを目指しています。そんな子どもを育てるための楽育ママのポイントが「やさしく、きっぱり」です。

2 乳幼児編

① 選ばれたパパとママ

赤ちゃんを出産した時、本当に大変でしたが、嬉しかったですよね。でも、今はどうですか？

夜泣きをしたり、おっぱいをあまり飲んでくれなかったり、離乳食がうまくすすまなかったり、歩けるようになると目が離せず、本当に大変ですよね。

体内記憶ってご存知ですか？子どもがお腹にいる時や、生まれる前の記憶があるそうです。その説によると、あなたの子どもは、神様のところからあなた方夫婦を見て家族を選んできたそうですよ。

「やさしそうなママだな〜」「かっこいいパパだな〜」「このパパやママならきっと大丈夫!!」と思って選んでくれたそうです。だからどんな子どもでも、あなたならきっと育てられます。

あなたの子どもは元気すぎる子どもかもしれません。またおとなしすぎて心配になることもあるかもしれません。また障がいがある子どもさんを育てているママは将来の不安や、どう接したらいいのだろうかと迷うことも多いでしょう。

でも、どんな子どもでも、あなたなら育てられると思い、神様が授けてくださった子どもです。あなたのことを信頼して選んできてくれた子どもです。「あなたならきっと育てられる!!」と神様の保証付きです。子どもの宝を壊さないように、大切に育ててくださいね。

と言っても、子育てに悩みはつきもの。「楽育ママ」では、その悩みが少しでも楽になるヒント、そして楽しく子育てできるための心構えや工夫を一緒に学んでいきたいと思います。

子育ては決して楽なものではありません。だからこそ、大きくなった時の喜びもひとしおですね。

工夫をする事で、「楽しい子育て」が待っています。選ばれたパパとママ　もしかしたら、祖父母も見て、きてくれたのかもしれませんね。

選んできてくれた大切な子どもを、ぜひ「楽育ママ方式」で育ててあげてください。

② 乳幼児の育つ力をどう援助すればいいのでしょうか？

おぎゃーと生まれてきてからの1年は、一生で一番の成長をみせます。そんな赤ちゃんや幼児の成長を、どのように応援すればいいのでしょうね。

「特定の大人との愛情いっぱいの関係」たっぷりと愛情を注がれしっかりと受容してくれる人がいる時、子どもは、自分から遊び、考え、行動することができます。また色々な事を経験することで、子どもの発達がうながされます。

主役は子どもです。私たちは応援団でサポーターです。

子どもが将来自立できる子になるように、社会と調和できる子どもになるためにも、「パパ、ママは仲間」「私はここに生まれてきてよかった」と思える援助が必要です。

そのためには子どもがパパやママのことを「仲間」と思っているか、また今ここに自分の「居場所」があるかどうかの点検が必要です。

例えば、赤ちゃんがウンチで泣いたとしましょう。そんな時に「ピーピーうるさいね。」とお尻をたたいたとしましょう。次からは子どもは、たたかれると恐怖になるのではないでしょうか？同じ状況の時に「泣いて教えてくれてありがとう。いいウンチが出てよかったね」と言ってもらえると愛が一杯ですよね。どちらが仲間で居場所があるでしょうね。

極端な例ですが、子どもの気持ちを体感して欲しくて書きました。恐怖で育てるか、愛で育てるかで、ずいぶん子育ては変わってくると思います。

子どもが大人を仲間と思うところから「世界観のいい子ども」ができますし、居場所がある事や自分には能力があると思えることで「自己肯定感のある子ども」が育ちます。そのお手伝いがパパやママのお仕事です。

a 自分の対応を点検する

パパやママは仲間かな？

子どもに居場所はあるかな？

b 自分自身を点検する

がみがみママかな？

あまあまママかな？

c 楽育ママの子育ての工夫を知る

楽育ママ講座、楽育ママ仲間を作る

③ しつけについて

子育ての情報はたくさんあふれていて、「しつけは3歳までにしっかり叱らないと、ダメな子になる。」とか、書いてあるのをみると、なんだか肩に力が入りますよね。

では「しつけ」とは何でしょうね?語源由来辞典では「礼儀作法を教えて身につけさせること。またその礼儀作法」と書いてあります。もともとは仏教語で習慣性を意味する「ジッケ(習気)」がしつけになったとされています。漢字の「躾」はしつけの対象を礼儀作法に限定する武家礼式の用語です。いずれにせよ、どこにも「叱ってしつけをせよ」とは書いてありません。人間はひとりで生きているのではありません。いろいろな人との間に生きています。自分が大切であるように、人も大切です。そんな中から相手を思いやる心として「礼儀作法」がでてきたのではないでしょうか?楽育ママでは、相手を思いやる礼儀作法を子どもに伝えるために感情的にならなくてもいいと思っています。では、どうすればいいのでしょうね?

a 親がモデルになる事

例えば「挨拶」です。人に挨拶することは大切です。でも「ちゃんと挨拶しなさい」と怒ってばかりいると子どもは余計に挨拶しなくなります。まずは親がモデルになり、楽しそうに挨拶することからはじめませんか？「靴をそろえなさい」と何度言っても聞かないという方がいますが、親はどうでしょう？　家ではきれいにするけれど、公共施設ではしないのではなく、公共施設でも靴を揃えていると子どもは真似をします。

b相手を思う心伝える

幼児園で3歳児さんがバスで移動するときのことです。最近は自家用車が多いので、公共のバスに乗る事になれていない子どももいます。そんな時には乗る前にしっかりお話をします。「私たちはこれから楽しいところに行くから皆は元気で楽しく、バスの中も騒ぎたい気持ちはわかります。しかし、バスの中には、今からしんどいので病院に行く人も乗っています。みんなが嬉しい気持ちはわかるけれど、みんなが騒ぐと、病気の人はどう思うかな？」と問いかけます。3歳児さんでも「静かにしたほうがいい」と答えてくれました。「では、バスの中では静かにしているお約束できるかな？公園に着いたらいっぱい大きな声を出してもいいからね」と話をしました。

時々親が「運転手さんが怒るから静かにしなさい。」と注意している事があります。それは躾ではありません。楽育ママでは「運転手さんはたくさんの命を守るお仕事だから、集中できるように静かにしようね」と話すのをお勧めしています。皆さんはどう思われますか？

④　かんしゃくの時期の付き合い方

乳児から幼児へと成長し、歩き始め、少し話がわかるかな〜と思う2歳児。しかしこの頃から、何を言っても聞かない、気に入らないと泣き叫ぶ、自分の思いが通らないと「ぎゃー」と叫ぶ「かんしゃくの時期」が始まります。

ママたちの間では「魔の2歳」といわれていますが、決して子どもが悪魔ではなく「魔法使いの」魔です。「自分でやりたい」という自立に向かう大切な時期です。この時期こそ工夫が必要です。

例えば青信号で横断歩道を歩いていたら向こうからトラックが来たとします。皆さんならどうしますか？トラックが悪いと言ってぶつかりますか？それともよけますか？きっとよけますよね。2歳の子どももこれに似ています。きっとお互いの言い分はあると思いますし、多くの場合ママのほうが正論かもしれません。でもここではどちらかが譲らないと始まりません。ここはまずママが譲ってみませんか？

出かける時間が迫っているのに、まだ子どもが用意できていません。ママが手伝うと「ぎゃー」と泣き叫び、何を言っても聞きません。ではこんな時はどうすればいいのでしょう？「子どもの思いを認めてから、お願い！」です。

a子どもの行動のプラスを探す

きっと自分でやりたかったのですね。これは自立の一歩「自分でやりたかったのね」とまずは認めてあげてくださいね。

b子どもに尋ねる

何でも自分でしたい時で、親がお手伝いする時は、手伝ってもいいかを尋ねる。黙って手伝うと「自分でしたかった」と泣き叫ぶ事もあります。

c早めに声をかける

この時期は、着替えひとつとっても、一人でするには時間がかかりますが「自分でしたい！」という思いが芽生えてくる時です。自分でしたいというのを覚悟して時間設定しましょうね。早めの声掛けをお勧めしています。

d大地を作る、大事な時期だと覚悟して楽しむ

まだ、自分で出来ないのに「自分でする～」という、親からしたら大変なこの時期に、丁寧に付き合うことが、将来の子どもの成長に繋がっていくと思います。大地を耕すと思ってくださいね。あなたの子どもは、前人未踏の開拓地かも知れませんが、どうせなら覚悟して、楽しんでください。

⑤　ほめると勇気づけの違い

子育ての本の中に「上手な叱り方」とか「上手な褒め方」という本があります。熱心なママの中には両方読んで、どっちをすればいいのか迷ってしまうママもいます。楽育ママでは基本的には「褒めず、叱らず、勇気づけ」というのをお勧めしています。こんな言葉はきっと目から鱗《うろこ》ですよね。少し話は飛躍しますが、楽育ママでは平和な社会を目指しています。平和な社会を作るためにも、暴力のない、話し合いで解決できる世の中を作りたいのです。

楽育ママお勧めの勇気づけは、褒めるとどう違うのか一度子どもになって体験してみてくださいね。例えばこんな状況を思って下さい。「絵は苦手な子どもが、たまに楽しく絵を描いている時に声が、かかります。」

Aわあ〜上手だね。上手にかけているよ。

B力強くかけているね。色々な色が使えて、楽しそうだね。

いかがでしたか？褒めるはA「縦関係」上下関係であることを体で理解していただけましたか？自分は上手とは思っていない時に、「上手だね」と評価されても嬉しくはありません。勇気づけはB「横関係」なので、人として認めるという感じがしませんか？子どもが小さい時は、褒めるのは駄目とはいいません。叱るよりはいいと思いますが、いつか子どもは大きくなります。ありのままを認められて大きくなった子どもは、自己肯定感のある大人に育ちます。

では楽育の工夫です。

aほめ言葉と勇気づけの言葉の違いに気づく

「えらかったね」「じょうずだね」はほめ言葉

b勇気づけの言葉「あ・うただ」

「ありがとう」「うれしいわ」「たすかる」「だいすき」

c 勇気づけの言葉のヒント

例えば子どもが絵を書いた時「上手だね」というより「力強く書けているね」とか「丁寧に塗れているね」と出来るだけ具体的に伝える。どんなふうに言えばいいのか分からない時は、子どもに聞いてみる「これは、何をかいたのかな?」自分の絵に興味を持ってもらえることも、勇気づけです。子どもの興味に関心をもつ事も大切ですね。「ママはここが好き」と言ってもらえると子どもはお母さんが仲間ですね。

⑥ 0か100でない選択肢のある子育て

子育てをしていると、つい0か100かで勝負することはありませんか?「早く泣きやみなさい」「今すぐしなさい」「今すぐやめなさい」等、つい指示を出したり、命令したりしていませんか?そんな時「0か100でない選択肢のある子育て」をお勧めしています。指示命令ばかりしていると、子どもは自分で考えられない子になります。将来自分の人生を自分で考えられる子どもになってほしいですよね。そこで、楽育ママでは乳幼児の時からできるだけ、自分で選択することをお勧めしています。前述の「開いた質問」でもお話ししましたが、「1歳の赤ちゃんに選べる力はありません」と言うママもいますが、皆さんはどう思われますか？

楽育ママでは、乳幼児でも選択する力はあると思っています。例えばアンパンマンが好きな子どもに、アンパンマンの絵の書いた靴下と黒の無地の靴下を見せて「どちらがいいですか？」と聞いたら、多くの子どもがアンパンマンの絵の靴下を選びます。ということは、子どもは自分の好みの物を選ぶ力があるということですよね。

子どもが遊んでいる時に「出かけるから、すぐ片付けなさい」と言うと「いやだ」という子はいませんか？ではそんな時はどうすればいいのでしょうね？　そこで「0か100でない選択肢のある子育て」登場です。

1　早めにお知らせをする。「いつ片づける？ 何分になったら片づける？」
2　目的を伝える「○○ちゃんの好きな、○○に行こうか？」
3　お片付け「お手伝いしようか？どれ片づける？汽車と積木どっちする？」
4　感謝「丁寧にお片付けできたね。」「ちゃんと自分で選べたね。」「自分で決めた事、しっかり守れたね。」

子ども自身が考えられる「開いた質問」もお勧めです。

⑦ プラスのシャワー

子どもはよく「白いキャンバス」と例えられますね。子どもに赤を塗れば赤になり、黄色を塗れば黄色になります。環境の大切さを伝えるお話だと思います。大きくなったら自分で色を選び、自分で書き直すこともできると思います。しかし乳幼児に関しては、周りの環境の大切さを感じます。

2歳になったばかりなのに「ちぇんちぇい、ありがちょう！（先生有難う）」という子どももいれば「あっちぇいけ、ばか」という子もいます。たった2歳でどうしてこんなに違いがでるのでしょう。よく英語でも会話の内容がわからなくても「英語をシャワーのように浴びなさい、それが上達の秘訣」といわれていますよね。

子育ても一緒で、楽育ママではプラスの言葉のシャワーをいっぱい浴びられるように関わることをお勧めしています。プラスの言葉のシャワーの例をいくつかお伝えするので、ぜひ取り入れてみてくださいね。

1　朝起きた時は赤ちゃんにも「〇〇ちゃん、おはようございます。」と丁寧に挨拶をする。（自分は大切な存在だと思えるそうです。）

2　乳幼児の時期は「正しい母国語」のお勉強の時期です。普段もできるだけ、丁寧な言葉づかいがお勧めです。ただし、地方の言葉は大切にしてくださいね。

3　絵本を読む。躾本《しつけ》ばかりでなく、心があたたまる絵本も読んでくださいね。

4　プラスの言葉を使う「ありがとう」「うれしいわ」「たすかるわ」「だいすき」といっぱい言ってくださいね。

5　鏡の法則「子どもは言ったように育つ」です。脳科学でも証明されていますが「おバカさん」と言っていると「おバカさん」になるそうです。ママ自身も毎日鏡で「かわいいね。やさしいね」と幸せのシャワー浴びてみませんか？

6　子どもの適切なところ【宝物】をいっぱい伝えてくださいね。
「けんちゃんは、優しいね」「けんちゃんは、元気だね」「けんちゃんは、パパとママの宝物だよ」等など。

⑧　寝る前にはハートをプレゼント

子育てを「楽に楽しくする工夫」の1つは、自分だけで頑張らないということです。子どもは、地域の宝、社会の宝、世界の宝です。みんなの力を借りて育てるということも大切です。ママ・パパ・ばぁば・じぃじ・近所のおばちゃん・楽育ママ友など、いっぱいいると思ってくださいね。

①から⑦まで、楽育ママの工夫を書いてきましたが、「そうは言っても、怒ってしまう時があるわ。」という声が聞こえてきます。

そんなママ・パパのために前にも出てきましたが「子どもに、寝る前にはハートをプレゼントする」ことをお勧めしています。

1日の間にはつい怒ってしまうこともあるでしょう。そんな時に落ち込むより、夜寝る前だけは怒らずにハートをプレゼントしてほしいのです。

例えば、夕食時に茶碗を割ってきつく怒ってしまったとしましょう。

寝る前には「夕食の時はお茶碗を割ってママが怒ったけど、あれは失敗だよね。本当はお茶碗より○○ちゃんが大事なんだよ。大好きな○○ちゃんおやすみ！」と抱きしめてあげてくださいね。子どもはきっとママを仲間だと思って安心して寝てくれますよ。

「ハートをプレゼント」ってどんなことがあるでしょうね。

a絵本を読む。（心も温かい子どもになり、また国語力もつくそうです）

bおてて絵本。（今日1日の感謝伝える）

c寝る前に「○○ちゃん大好き」と抱っこする。

d子守唄やわらべ歌を歌う。

eありがとうの歌の手遊びをする。（桃太郎の曲に合わせて）

「ありがとう、お父さん、ありがとう、お母さん、ありがとう、＊＊ちゃん（ハグ）」

「ありがとう、おじいちゃん、ありがとう、おばあちゃん、ありがとう、＊＊ちゃん（ハグ）」

3　幼児・片付け編

毎日の育児の中で子どもが片付けをしなくてイライラすることってありますよね。親の悩みの一つは子どもが片付けをしないことですね。何回言っても片付けなくて、つい怒ってしまって「捨ててしまうよ」と言ったことがある人もいると思います。怒ってばかりだと片付けが嫌いな子になりそうだし、親がみんな片付けてしまうと、大きくなっても片付けない子になってしまいますよね。では一体どうすればいいのでしょう。例えば３歳なら…。

①　片付けはどうしてするのでしょうか？

以前保育園で３歳児に尋ねたら、「おかあさんが怒るから」と言う答えが返ってきました。しかし本当の片付けの目標は「おもちゃを大切にする」とか「次にすぐに使えるようにする」「踏んだりすると怪我するから」「片付いていると気持ちがいい」という理由からではないのでしょうか？一度子どもと考えてみませんか？

②　片付け方はどうすればいいのでしょうか？

あまりに細かく片付けをしていると子どもは片付けることが嫌になってしまいます。汽車、ブロック、おままごと等、大きく分けて、ゆったりめのかごに入れるのがお勧めです。かごの前に絵や写真で何を入れるのかが分かると片付けがしやすいですよね。

③　片づけを楽しくしましょう

「子どもが手伝って」と言ってきたら、最初はぜひ親が「ルンルン気分で楽しそうに」手伝ってあげてください。どれだけ手伝うかは子どもと相談しましょう。

④　早めに片付けのお知らせをしましょう

「公園に行きたい」とか子どもに目的がある時は子どももも早く片付けが出来ますよね。片付けの時間も子どもと相談がいいですね。タイマーは一例ですが、使うときは子どもにタイマーをかけてもらい「時間になったら教えてね」もいいですね。

4　幼児・食育編

子どもを育てている時の心配の一つが食育です。

がみがみママは、子どもが食べない時に「食べないなら今日のおやつはなしです」と罰を使うこともありますが、そうしているとますます食べることが嫌いになります。

また、あまあまママでは「これ食べたら、アイスクリームあげるね。」と賞でつります。そうしていると賞がないと食べることができない子どもになってしまいます。

楽育ママでは食育について左記のようにお伝えしております。

①　食べられることに感謝

有難くいただくのは体の薬、いやいや食べるのは体の薬になりません。子どもの時に嫌いでも大人になったら好きになる事も多いですよね。食べない事に注目せずに、少しでも食べられた事に感謝しましょう。

②　決まった場所と食べる時間を決める。

子どもだけで食べる（孤食）でなく家族で揃って食べましょう。うろうろしたらご馳走さまです。テレビを見ないで食べることも大切です。

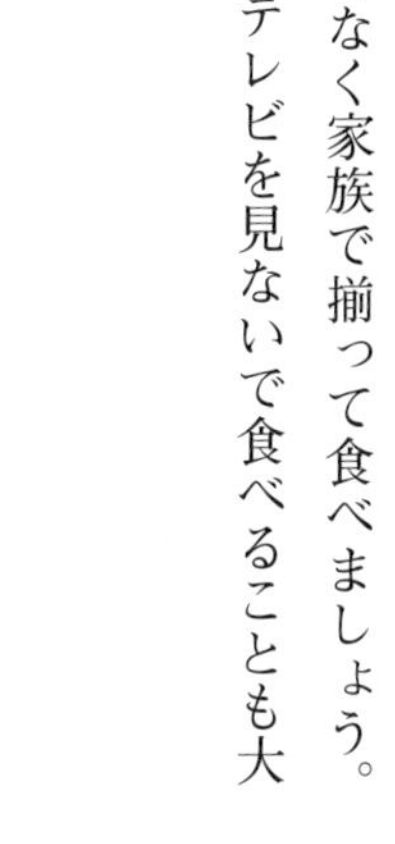

③　箸は大人がモデルになる

まだ子どもの手が発達していないのに躾箸を使うことはお勧めではありません。最初は手づかみから、大人をモデルに箸の使い方も学びます。大人がご飯粒一つも残さないで食べていると子どもきれいに食べてくれます。

④　小さい時からご挨拶をしましょう

「いただきます」「ごちそうさま」の挨拶を親からすすんでしましょう。お料理して下さった方や、お米やお野菜を作って下さった方のお話をしながら食べるのも素敵ですね。お肉やお魚を食べるのは、肉や魚の命をいただく事だと知り、食べ物に感謝できる子どもに育って欲しいですね。

5 小学生・宿題編

小学生になると途端に勉強や宿題の事が心配になる方が多くなります。

小学生低学年から楽育ママの対応が身につけられるといいですね。

がみがみママは低学年の間に宿題を早くする癖をつけて欲しいと「早くしなさい、早くしなさい」と指示命令します。ママの気持ちは分かりますが、そうしていると子どもは親が言わないとしない子どもになります。またうるさく、言われると勉強が嫌いな子どもになる可能性もあります。

あまあまママは遠い学校に行っているだけで大変だからと、子どもの傍について頼まれていないのに、「これは5、これは7」と正しい答えを教えていきます。確かに早くには終わりますが、これで子どもに力はついていきませんね。

楽育ママではどうしたらいいのでしょうね。

①　宿題について子どもと話し合う

小学生低学年の時から学校から帰ってきてからどんな風に過ごすのかについて話し合いをする事をお勧めしています。帰ってきたらすぐにするのか、おやつの後にするのか、友達と遊んだ後にするのか、食事の前にするのか、後にするのか？子どもに選んでもらいます。

「帰ってきてすぐにする。」と決めていたのに、友達と遊ぶ約束してくることもあるでしょう。そんな時は「今日はどうする。」と再度話し合って下さいね。親が決めた時にするのではなく自分で考えて宿題をする時間を決めるので変更もありです。変更した時間でも、宿題ができたらなら、「自分で考えてできたね。」と言葉にしてあげてくださいね。

②　家族の協力も大切

小学生の低学年で、皆はリビングでくつろいでいる時に、「一人、勉強部屋でしてきなさい。」はしんどい子どももいます。宿題の時は家族が協力してみんなでお勉強タイムもいいですね。

弟や妹がいてできない時は、お兄ちゃんと同じようなノートを用意して、お絵かきタイムをする、そんな工夫をしている家族もありました。

③　宿題は子どものお仕事

宿題は本来子どものお仕事ですので、基本ママがしてはいけません。

あるママから聞いたお話です。子どもが「教えてください。」とお願いしてきたら、ママは家庭教師に変身するそうです。優秀な家庭教師は、答えは教えません。その子が分からない一歩を見つけてヒントをだします。まるでクイズの様に答えが正解なら子どもは嬉しくて、どんどん勉強が好きになったそうです。ママが家庭教師になれない時は、パパや周りにいないか探してみるのもいいですね。

最後に

今子どもの少子化、虐待や育児放棄が問題になっています。公的機関でも子育て支援など色々対策は考えておりますが、しかし、大きな問題の1つは、親になるのに、核家族化になりモデルがなくなり、子育てを学んでいないという事です。どこかでしっかり子育てを学ぶことや、身近な仲間を作る事が必要です。

これからは、自分の子どもだけではなく、将来世代を考えて子育てする事がとても大切です。大いなる宇宙の法則（自然）と調和する子育てを考えていきたいのです。良心を育む子育て、子どもが生き生きと自分の使命を果たせる世の中を皆さんと共に作っていきたいのです。

楽育ママ講座では、子どもの育て方を学ぶまた子どもの宝物を探す「**子ども編**」、親として人間として自分を見つめなおし、親自身の宝物を見つける「**自分編**」を作りました。また妊婦さんからのご要望で「**プレママ編**」「**乳幼児編**」も作りました。本当は学生の時にまた結婚までに学ぶことが出来たら素晴らしいと思います。

ここに書いてある事に少しでもご興味を持ってくださった方は、ぜひ楽育ママ講座を受講してください。

また、楽育ママの考え方に共感してくださる方は、楽育ママ講座のインストラクターになって一緒に広めていただきたいと願っております。

今全国で「楽育ママ」を支持してくださる仲間が増えていっております。京都フォーラムの仲間の応援も感謝しております。現在、助産師さん、園長先生、保育士さん、アドラー心理学家族コンサルタント・カウンセラーさんが楽育ママインストラクターとして活躍してくださっております。

インストラクターは、まだ人数が少ないですが、北海道から九州にもいてくださいます。「楽育ママ入門編」は通信教育でも学べるDVDもあります。

公的機関でも関心を持ってくださっている地域もあります。赤ちゃん手帳をもらったら、また赤ちゃんが生まれたら、インストラクターの元で「楽育ママ講座」を学べる機会が、公的機関に設けられ、保健師さんよりも身近に、なんでも相談できる「楽育お姉さん」「楽育ばぁば」がママたちのそばにいるのが当たり前な世の中になってほしいと願っています。

奇跡で授かった子どもを、将来の宝である子どもを、家庭と社会が協力して、一緒に楽しく育てていきませんか。

昨年は入院していましたが、今年はこうして本を書かせていただけた事に、心から感謝しております。皆様最後まで読んでくださり本当にありがとうございました。

最後になりましたが、この本の制作にあたりまして、三学出版の中桐信胤さんに大変お世話になりました。表紙は今回も村治豊先生に快諾いただき素晴らしい作品を描いていただけたことを心から感謝しております。本の校正に力を貸してくれた楽育の仲間に、いつも応援してくれる家族にもこの場をお借りして心からお礼申しあげます。

楽育ママの詳しい事は「**楽育ママＨＰ**」「**一般社団法人楽育チッチＨＰ**」

ＦＢ「楽育ママ」（山口育子）　YuoTube（楽育ママ山口育子）で見てくださいね。

楽育ママ　マイスター　山口育子

山口育子（やまぐち　いくこ）
1952年　大阪にて誕生。相愛女子短期大学卒業
1996年　自宅を開放し私設幼児園「Tittiキンダーガーデン」設立
2004年　NPOチッチ設立
2016年　一般社団法人楽育チッチ設立
現在、Tittiキンダーガーデン園長、子育てに悩むお母さんをひとりでも勇気づけたいとの思いから、アドラー心理学を学び、パセージリーダーとして、また、アドラー心理学会認定の家族コンサルタントとして活躍中。保育アドバイザーとして京阪神を中心に北海道から九州·沖縄まで幅広く、講演活動も意欲的に行っている。保育士養成講座の講師も勤める。一般社団法人楽育チッチ理事長。湖西アドラー心理学研究所所長。滋賀県大津市在住。夫と一男一女の母

（連絡先）　チッチキンダーガーデン　520-0246 大津市仰木の里7-18-1
tel/fax077-573-1099　　http://titti.or.jp/
一般社団法人楽育チッチ　520-0063 大津市横木2-14-7
tel/fax077-526-3803

ei Book ⑯

楽育ママの子育て
――勇気づけのすすめ

2016年11月11日初版印刷
2016年11月13日初版発行
著　者　山口育子
発行者　中桐十糸子
発行所　三学出版有限会社
〒520-0013　大津市勧学二丁目13-3
(TEL/FAX 077-525-8476)
http://sangaku.or.tv

ⓒ YAMAGUCHI Ikuko
fe16,1113 DTP nn
亜細亜印刷（株）印刷・製本